Warum Covid die Welt erschreckt

Die Geschichte eines unsichtbaren Winzlings

erzählt von fotolulu

Impressum

Bibliografische Information der Deutschen Nationalbibliothek:
Die Deutsche Nationalbibliothek verzeichnet diese Publikation in der
Deutschen Nationalbibliografie;
detaillierte bibliografische Daten sind im Internet über www.dnb.de
abrufbar.

Herstellung und Verlag:
BoD – Books on Demand, Norderstedt

1. Auflage
© 2020 fotolulu
Fotos, Illustrationen & Text: fotolulu · www.fotolulus-abenteuer.de

ISBN: 9783751901277

Inhalt

Warum Covid die Welt erschreckt

Die Geschichte eines unsichtbaren Winzlings

Vor vielen Jahre saß ein kleiner Virus namens Covid in einer Höhle in der chinesischen Provinz Hubei. Die Höhle war dunkel, es war unangenehm kalt und Covid war alleine. An der Höhlendecke wohnte eine große Kolonie Fledermäuse. Es waren Hufeisennasen. Eine sehr gesellige Fledermausart. Jeden Abend flogen die Fledermäuse aus der Höhle, um auf Insektenjagd zu gehen. Covid war dann ganz alleine in der Höhle und sehnte sich nach etwas Wärme.

Eines Morgens schlich sich Covid an die Höhlendecke und wartete dort auf die heimkehrenden Fledermäuse. Als die Sonne aufgegangen war, kamen die Hufeisennasen zurück. Genau neben Covid landeten Herr Wang und Frau Li. Sie hängten sich mit den Hinterbeinen an die Höhlendecke, leckten ihr Fell sauber und erzählten von ihren Jagderfolgen. Zwischen den Fledermäusen war es schön warm und so fasste Covid einen Entschluss. Er krabbelte unbemerkt an den Beinen von Wang herunter, rutschte über die glatte Flughaut und landete im Mund von Herrn Wang.

Herr Wang hat davon nichts mitbekommen, denn Covid ist so winzig, das man ihn nur unter einem sehr starken Mikroskop sehen kann. Covid machte es sich in den warmen Schleimhäuten von Herrn Wang gemütlich und war glücklich. Wochenlang lebte er so im warmen Körper von Herrn Wang. Er flog jeden Abend mit auf die Insektenjagd und hing tagsüber Kopf abwärts von der Höhlendecke. Eigentlich war alles in Ordnung, denn Covid brauchte nicht mehr zu frieren und war in Gesellschaft.

Freunde müssen her

Was Covid jedoch fehlte waren wirkliche Freunde, mit denen er zusammen etwas unternehmen konnte. Covid erkundete Herrn Wang ein wenig von innen und entdeckte eine Wirtszelle in dessen Lunge. Das besondere an dieser Zelle war, dass Covid an diese andocken konnte, wie eine Rakete an die internationale Weltraumstation.

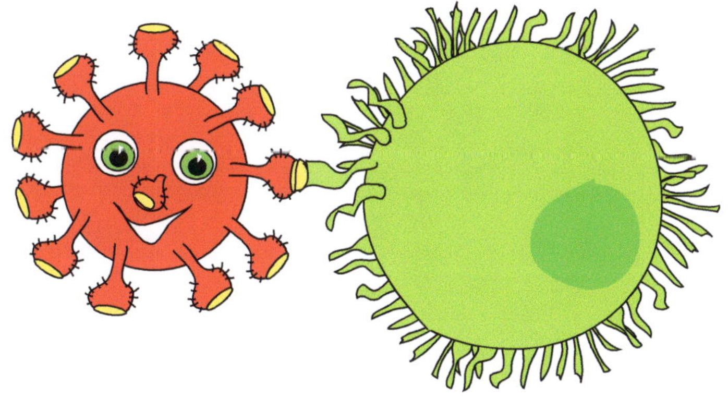

Nun konnte Covid ganz in die Wirtszelle eindringen und im Kern der Zelle konnte sich Covid selber vervielfältigen. Covid war von sich selber überrascht, damit hatte er nicht gerechnet.

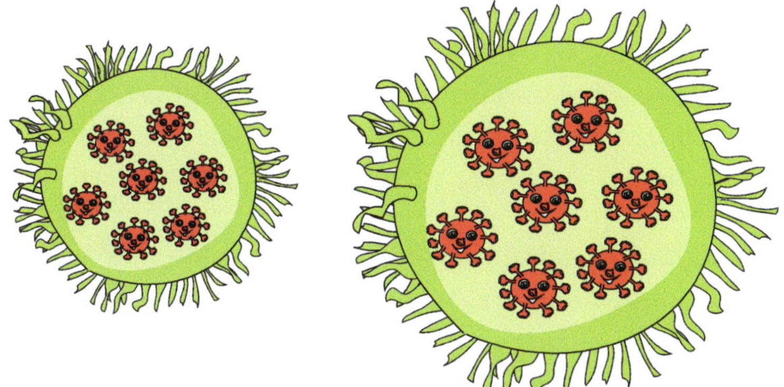

Schon nach kurzer Zeit gab es hunderte kleiner Covids und alle sahen gleich aus. Covid war begeistert und er machte eine riesige Party in Herrn Wangs Lunge.

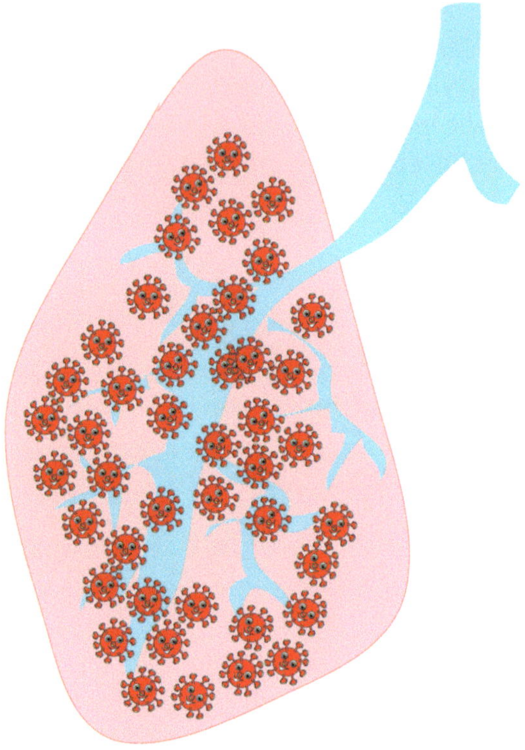

Als die Party so richtig in Gang war, musste Herr Wang plötzlich husten. Dabei gab es einen so starken Windstoß, dass viele der Partygäste weggerissen wurden. Sie wurden durch die Luftröhre katapultiert, in den Rachen von Herrn Wang und weil er den Mund offen hatte, flogen sie in die Höhle. Einige konnten sich an den vielen herumhängenden Fledermäusen festklammern. Die es nicht geschafft hatten, landeten auf dem Höhlenboden und sind schon nach kurzer Zeit erfroren.

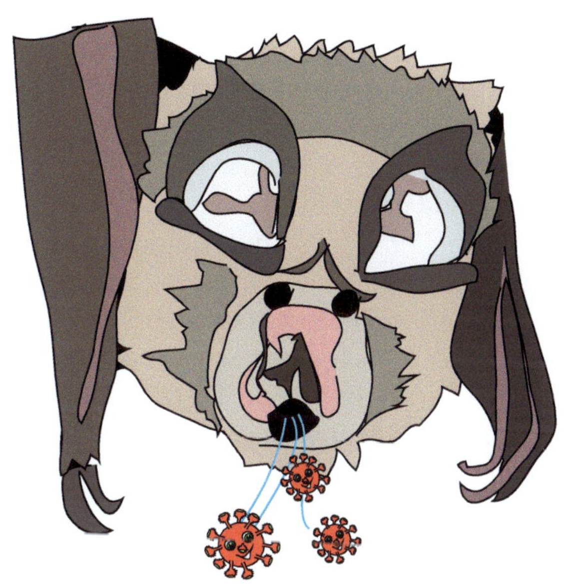

Covid hatte Glück, er hatte sich rechtzeitig an einem Lungenbläschen festgeklammert. In den folgenden Tagen wurde das Leben von Covid von vielen Hustenanfällen des Herrn Wang begleitet. Covid kannte die Vorzeichen eines Hustenanfalls und konnte sich immer rechtzeitig in Sicherheit bringen. Die Hustenanfälle von Herrn Wang steckten nach und nach alle Fledermäuse in der Höhle an. Jetzt war in der Höhle ein ständiges Husten zu hören und alle Fledermäuse waren ein wenig genervt.

Irgendwann waren die Hustenanfälle von Herrn Wang und den anderen weg und Covid konnte mit all seinen Verwandten in Ruhe im Inneren der Fledermäuse leben.

Eines Tages hörte Covid, wie Herr Wang zu Frau Li sagte: „Stell dir vor, der Schopfhabicht vom Waldrand ist gestern gestorben." Völlig empört fragte Frau Li: „Ist das nicht der, der unseren Nachbarn Herrn Wung gefressen hat?" Herr Wang nickte: „Stimmt, das ist der Fledermausfresser." „Aber woran ist er denn gestorben?", wollte Frau Li wissen.

„Es heißt, er ist an einer Lungenentzündung gestorben, die von irgendwelchen Viren ausgelöst wurde." Covid überlegte kurz und stellte fest, dass wahrscheinlich seine Verwandten an dem Tod des Schopfhabichts schuld sein konnten. „Ist ja auch eine Frechheit, wenn ein Fremder einem das Zuhause wegfrisst", dachte Covid.

In den folgenden Jahren gab es immer wieder solche Vorfälle. Raubvögel und Schlangen, die einige der Fledermäuse gefressen hatten, mussten das mit ihrem Leben bezahlen.

Covid wunderte sich, warum die Fressfeinde der Fledermäuse gestorben sind, die Fledermäuse selber aber putzmunter blieben. Er beobachtete das Verhalten von

Herrn Wang etwas genauer und ihm fiel auf, dass dieser einen besonderen Stoffwechsel hatte. Herr Wang hatte ein sehr anstrengendes Leben. Mit bis zu 160 Stundenkilometer fliegt er jede Nacht auf der Suche nach Insekten stundenlang umher. Dabei schlägt sein kleines Herz eintausend Mal pro Minute. Damit Herr Wang das jede Nacht leisten kann, muss er an anderen Stellen Energie sparen. So hat Herr Wang auch ein sehr langsames Immunsystem, welches eigentlich Viren bekämpfen soll. Das aber kostet sehr viel Energie und so hat Herr Wang eine andere Strategie entwickelt. Die Immunzellen sind sehr langsam und lassen auch Covid in die Wirtszelle eindringen. Dort allerdings zerstört er den Eindringling nicht, was auch wieder zu viel Energie kosten würde, sondern hält ihn dort in Schach. So können Covid und Herr Wang wunderbar zusammenleben.

Die Eindringlinge

Eines Morgens kamen Menschen mit riesigen Keschern in die Höhle. Covid, Herr Wang und Frau Li hatten kein gutes Gefühl. Wie sich herausstellte, auch zurecht. Die Männer fingen hunderte der Hufeisennasen von der Höhlendecke und steckten sie in Säcke. Es war kein schöner Anblick und Panik machte sich breit. Auch Herr Wang und Frau Li wurden gefangen und mit ihnen auch Covid. Die Männer fuhren mit den vollen Säcken nach

Wuhan auf den Wildtiermarkt. Dort töteten sie die Fledermäuse und boten sie zum Verkauf an. Als einer der Männer Herrn Wang tötete, wurde Covid wütend und schmiedete einen Racheplan.

Beim letzten Atem-Ausstoß von Herrn Wang, hielt Covid sich nicht an einem der Lungenbläschen fest, sondern stellte sich in den Windstoß. Der letzte Atem reichte aus, um Covid aus dem Maul von Herrn Wang herauszuschleudern und er so am Mund des Mannes landete.

Sofort machte sich Covid auf den Weg ins Innere, bis hin zur Lunge und dockte dort an einer Wirtszelle an. Wütend vermehrte sich Covid und schon nach kurzer Zeit befielen Millionen Viren-Verwandte die gesamte Lunge des Fledermausmörders.

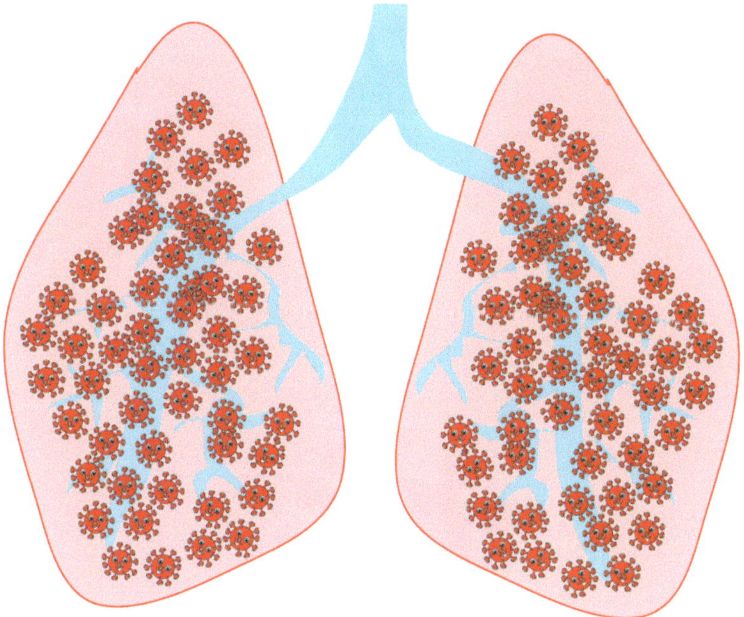

Der Rachefeldzug

Der Mann wurde krank und bekam eine starke Lungenentzündung. So erging es jedem, den er in den letzten zwei Wochen angehustet hatte oder mit denen er engen Kontakt hatte. Covid war tierisch wütend. Sein Racheplan ging auf und der Mann, der Herrn Wang getötet hatte, starb ebenfalls. Mit diesem Mann starb auch Covid. Seine Verwandten trauerten um ihn und beschlossen nun den Tod von Covid zu rächen.

Nach dem Covid beerdigt war, nahm der Wahnsinn seinen Lauf. Milliarden von Covids Verwandten zogen in den Krieg. Covid selber hätte dies wohl nie gewollt. Er wollte nur sich und seinen Wirt, Herrn Wang beschützen.

So geriet der Rachefeldzug der Viren außer Kontrolle und jeder Virus trug in Andenken an Covid eine schwarze Binde mit dem Aufdruck: Covid.

Das Jahr der Ratte

Der Rachefeldzug kam zu einem sehr unglücklichen Zeitpunkt. In China waren alle Menschen mit der Vorbereitung des wichtigsten Volksfestes beschäftigt. Das Chinesische Neujahr, auch Frühlingsfest genannt, stand unmittelbar bevor. Die Chinesen folgen dem Mondkalender und demnach ist Neujahr in China nicht am 1. Januar, sondern in diesem Fall am 25. Januar 2020.

Die Sage vom Chinesischen Neujahr

In alten Zeiten gab es ein bösartiges Monster mit scharfen Zähnen und Hörnern, das Nian genannt wurde. Sich das Jahr über in der dunklen See versteckend, würde es zum Ende des Mondjahres an Land gehen und die Menschen und deren Vieh jagen. Aus diesem Grund haben sich die Menschen jedes Jahr vor dem Neujahrsfest in die entlegenen Berge geflüchtet, um diesem Angriff Nians zu entgehen.

Eines Tages, als ein alter Mann das Dorf besuchte, sollte sich jedoch alles ändern. In diesem Jahr ist Nian nicht gekommen. Der alte Mann sagte den Dorfbewohnern „Das Monster ist leicht zu ängstigen. Besonders die Farbe rot mag es nicht. Es fürchtet laute Geräusche und unbekannte Kreaturen. Heute Nacht hüllt ihr das Dorf in rot, mit rotem Schmuck an jeder Tür. Macht Lärm mit Trommeln, lauter Musik und Feuerwerk. Und schützt eure Kinder. Gebt ihnen Masken und Laternen".

Die Bewohner haben genau das getan und Nian würde nie wieder gesehen.

Auf Chinesisch heißt Neujahr „Guo Nian", wörtlich „den Nian bezwingen". Genau das haben die Bewohner getan.

Ein Teil der Neujahrstraditionen ist das Schmücken der Häuser mit roten Dekorationen. Die Straßen sind erfüllt von Musik, Trommeln und Feuerwerk.

Am 25. Januar 2020 sollte das Jahr der Ratte eingeleitet werden. Das hat mit den chinesischen Tierkreiszeichen zu tun. Zwölf Tiere gibt es und jedes Jahr wird durch eines dieser Tiere repräsentiert. Die Tierkreiszeichen bestehen aus Ratte, Ochse, Tiger, Hase, Drache, Schlange, Pferd, Ziege, Affe, Hahn, Hund und Schwein. In dieser Reihenfolge wiederholen sie sich also alle zwölf Jahre.

Jedem Tier werden bestimmte Eigenschaften zugesprochen:

Die Ratte ist sehr neugierig, einfallsreich, vielseitig, hat ein schnelles Reaktionsvermögen und kann sich jeder Umweltsituation anpassen.

Der Büffel ist bekannt für seinen Fleiß, Zuverlässigkeit, Kraft und Entschlossenheit.

Der Tiger ist mutig, frech, unberechenbar und etwas eigensinnig. Tiger stellen sich jeder Herausforderung.

Der Hase ist sanft, ruhig, wachsam, freundlich, geduldig und verantwortungsvoll.

Der Drache, als einziges Fabelwesen, ist das vitalste und kräftigste Tier. Er symbolisiert Dominanz und Ehrgeiz.

Die Schlange gilt als verschwiegen, intelligent und weise.

Das Pferd ist besonders lebhaft, aktiv und energisch.

Die Ziege hat ein sanftmütiges Temperament, ist etwas scheu, mitfühlend und ausgeglichen.

Der Affe ist geistreich, verspielt, neugierig, raffiniert und macht gerne Faxen.

Der Hahn ist sehr achtsam, mutig und selbstsicher. Er ist offen, aufrichtig und erscheint immer attraktiv und hübsch.

Der Hund gilt als treu, aufrichtig, entgegenkommend, liebenswürdig und besonnen.

Das Schwein ist fleißig, mitfühlend und großzügig.

Das Chinesische Neujahr ist ein Fest der Familien, die sich dann natürlich auch gegenseitig besuchen. Die Chinesen glauben, das neue Jahr gut zu beginnen, führe zu einem glücklichen Jahr mit Wohlstand. So hatten sich tausende Wanderarbeiter auf den Weg zu ihren Familien gemacht.

In der Stadt Wuhan erkrankten immer mehr Menschen und einige starben auch an den Folgen der Lungenkrankheit. Die Menschen wurden nervös und meldeten die Vorfälle der Weltgesundheitsorganisation (WHO).

Sofort wurde das gesamte Gebiet um Wuhan abgeriegelt, um die Verbreitung der Krankheit zu verhindern. Wissenschaftler und Ärzte machten sich auf die Suche nach dem Übeltäter. In einem Labor landete so eine Speichelprobe eines Patienten und der Wissenschaftler sah sie sich unter einem sehr starken Mikroskop genauer an.

Er war überrascht, denn er fand ein Virus, das einem bereits bekannten Virus sehr ähnlich war. Damals erkrankten viele Menschen an einem SARS-Virus und so ähnlich sah nun auch der neue Virus aus. Der Wissenschaftler gab ihm den Namen SARS-CoV-2. Da dieser Name aber schlecht zu merken war, nannte man das Virus schließlich Coronavirus. Das gefiel aber den Wissenschaftlern nicht und nachdem ein weiterer Wissenschaftler die schwarze Binde mit der Aufschrift Covid entdeckte, nannte er den Virus Covid-19. Gemäß des des Virenausbruchs im Dezember 2019.

Die kleinen Verwandten von Covid konnten damit gut leben, denn nun war ihr Held in der ganzen Welt bekannt.

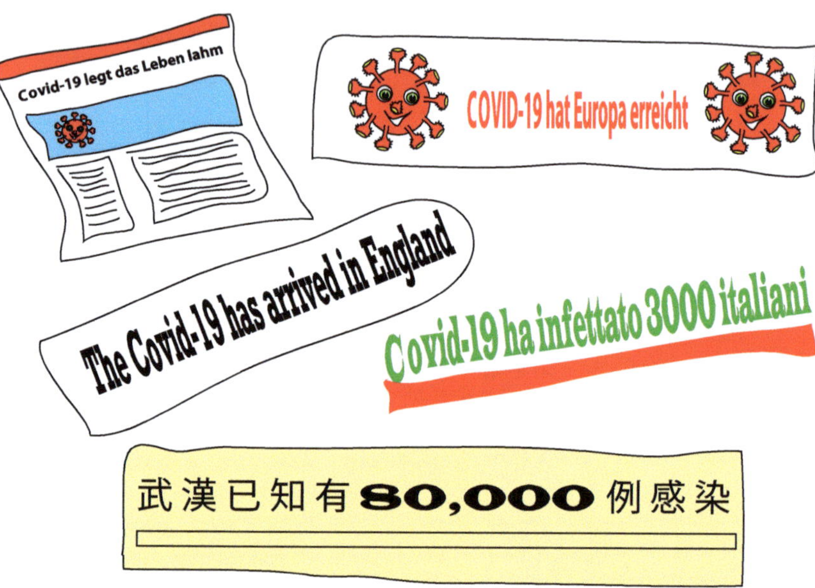

Ein Verwandter war besonders stolz. Es war der erste „Zwilling" von Covid, Covid-Zwei, der in einer jungen chinesischen Frau überlebt hatte. Sie war zu Besuch in Wuhan, musste aber nach einer Woche wieder nach Hause. Sie hatte keine Symptome gezeigt und niemand wusste, dass Covid-Zwei in ihr lebte. Die Frau mit dem Namen Li Liang lebte unbeschwert in Beijing, der Hauptstadt von China. In Wuhan wurde zu dieser Zeit eine Epidemie ausgerufen und keiner durfte mehr ein- oder ausreisen. Tausende Menschen infizierten sich in kürzester Zeit und ein Ende war nicht abzusehen.

Die Europareise

Frau Li Liang und Covid-Zwei bekamen davon nicht viel mit, denn sie wohnten 1.200 Kilometer entfernt, in einer kleinen Wohnung in Beijing. Frau Li Liang arbeitete in einem Werk, das Autoteile für die ganze Welt produzierte. Eines Tages wurde sie von ihrem Chef nach Deutschland geschickt. Dort fand ein Seminar statt, an dem sie unbedingt teilnehmen sollte.

Frau Li Liang buchte einen Flug, ein Hotel und machte sich auf den Weg nach Deutschland. Mit ihr reiste Covid-Zwei, der sich jedoch in der letzten Woche millionenfach vermehrt hatte. Frau Li Liang hatte leichten Husten und so steckte sie ihre Familie an, einige Arbeitskollegen, den Taxifahrer, der sie zum Flughafen brachte und einige Passagiere im Flugzeug. So verteilte Frau Li Liang den Virus weiter und er konnte mehrere Landesgrenzen überwinden. Einige der Fluggäste, die sich ansteckten, flogen nach Italien, andere in den Iran, nach Amerika und so weiter.

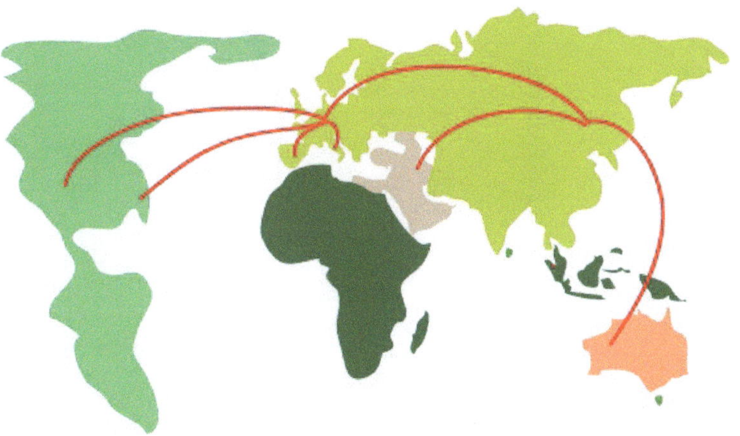

Covid-Zwei landete mit Frau Li Liang in Frankfurt und sie fuhren ins Hotel. Das Seminar dauerte drei Tage und in dieser Zeit hatten sich einige Seminarteilnehmer angesteckt. Auch Covid-Zwei hatte sich mit einem Hustenanfall von Frau Li Liang übertragen lassen. Er lebte nun in Herrn Müller, der in einem kleinen Dorf in Nordrhein-Westfalen wohnt. Covid-Zwei lebte und vermehrte sich also in Herrn Müller, der davon aber nichts wusste.

Auch in Deutschland kam der Virus zu einer sehr ungünstigen Zeit an. Es war Karneval und Herr Müller war ein begeisterter Karnevalist. So besuchte Herr Müller zusammen mit Covid-Zwei und seinen Verwandten eine Karnevalsfeier. Zu jeder Karnevalsveranstaltung gehört das „Bützchen", wie der Karnevalist ein Küsschen nennt. Das war natürlich fatal, denn so wurde der Virus sehr leicht und schnell verbreitet.

Pandemie-Alarm

Zum selben Zeitpunkt gab es immer mehr Meldungen aus vielen Ländern der Erde und so entschloss sich die Weltgesundheitsorganisation (WHO) dazu, eine Pandemie auszurufen.

Wenn sich sehr viele Menschen mit einem Virus infizieren, spricht man von einer Epidemie. So lange sich die Ausbreitung auf ein kleines Gebiet oder Land beschränkt, bleibt es eine Epidemie. Wenn sich die Krankheit jedoch länder- oder sogar kontinentübergreifend ausbreitet, redet man von einer Pandemie.

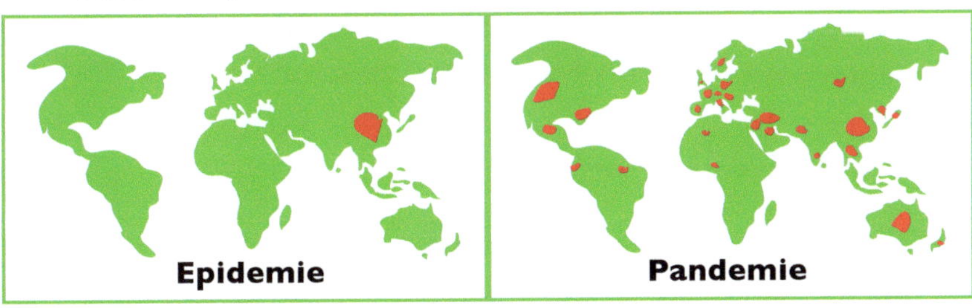

Pandemien gibt es schon seit hunderten von Jahren. Die bekanntesten Pandemien der Geschichte waren die Pest, die Spanische Grippe, die Schweinegrippe, die Vogelgrippe und HIV. Weil man von diesen Pandemien weiß, dass sie viele Millionen Menschen getötet haben, ist man sehr vorsichtig geworden. Darum gibt es strikte Regeln, die von der Weltgesundheitsorganisation (WHO) in einem internationalen Pandemieplan festgelegt wurden. Jedes Land hat auf dieser Grundlage eigene Pandemiepläne erstellt. In Deutschland dient der Nationale Pandemieplan als Grundlage notwendiger Schutzmaßnahmen und wird regelmäßig aktualisiert.

So ein Plan ist wichtig, weil niemand weiß, wann, wo und in welcher Form eine neuartige Viruserkrankung ausbricht. Es geht darum, bei einem Ausbruch die Infektionsketten zu unterbrechen und so schnell wie möglich einen Impfstoff zu finden.

Der tägliche Umgang mit Covid

In der Folgezeit wurden viele Maßnahmen getroffen, um die Verbreitung einzudämmen. Das Wichtigste dabei war die Einhaltung persönlicher Regeln. Mit einfachen Maßnahmen kann jeder helfen, sich selbst und andere vor Infektionskrankheiten zu schützen.

Die wichtigsten Hygienetipps:

Niese oder huste in die Armbeuge oder in ein Taschentuch – und das Taschentuch anschließend in einem Mülleimer mit Deckel entsorgen.

Halte die Hände vom Gesicht fern – vermeide es, mit den Händen Mund, Augen oder Nase zu berühren.

Halte ausreichend Abstand zu Menschen, die Husten, Schnupfen oder Fieber haben – auch aufgrund der andauernden Grippe- und Erkältungswelle.

Vermeide Berührungen (z.B. Händeschütteln oder Umarmungen) – wenn du andere Menschen begrüßt oder verabschiedest.

Wasche regelmäßig und ausreichend lange (mindestens 20 Sekunden) deine Hände mit Wasser und Seife – insbesondere nach dem Naseputzen, Niesen oder Husten.

Was kann noch helfen die Verbreitung zu stoppen?

Bleibe so oft es geht zu Hause. Lese ein gutes Buch, lerne für die Schule, male oder bastel tolle Sachen.

Oma und Opa solltest du jetzt nicht besuchen, denn gerade ältere Menschen und Menschen mit chronischen Krankheiten sind sehr gefährdet. Rufe sie an, schreibe eine E-Mail oder seht euch über ein Videochat.

Wenn du Bekannte oder Freunde triffst, halte Abstand. Händeschütteln und Umarmungen müssen vermieden werden. Es gibt bestimmt auch andere coole Formen sich zu grüßen, die in einem Sicherheitsabstand von 1 bis 2 Metern ausgeführt werden können.

Wenn jemand in deiner Familie erkrankt ist, muss die ganze Familie sehr vorsichtig sein und sollte jeden Kontakt zu anderen Personen vermeiden.

Geht es dir gut, kannst du anderen helfen. Du kannst Oma und Opa, älteren Nachbarn oder Freunden, die ihre Wohnung nicht verlassen dürfen, helfen. Du kannst für sie Einkaufen gehen, solltest den Einkauf dann aber vor die Tür stellen und jeden direkten Kontakt vermeiden.

Wie geht das Leben weiter?

Wenn wir es schaffen, dass sich Covid-Zwei und seine Verwandten nicht weiter verbreiten, wird der Rachefeldzug von Covid ein Ende finden.

Müssen wir die Viren nun verteufeln?

Wer ist schuld an der Pandemie? Der kleine unscheinbare Virus? Die Fledermäuse? Die Fledermausfänger? Die Menschen, die Fledermäuse essen?

Die Antwort ist wohl, dass keinem einzelnen die Schuld in die Schuhe geschoben werden kann, denn es liegt an der Verkettung. Fledermäuse werden schon hunderte von Jahren gegessen und es ist nie etwas passiert. Sie wurden ebenso lange gefangen. Die Fledermäuse tragen generell Viren in sich und die Viren haben die Menschen nicht einfach so angefallen.

Die Epidemie war also das Produkt mehrerer, zusammentreffender Faktoren. Das aus der Epidemie eine Pandemie wurde, ist der Globalisierung geschuldet. Nicht nur die Menschen und Waren können unkompliziert reisen, auch die Viren überwinden so die Landesgrenzen.

Wir Menschen sind in der Lage zu lernen und so sollten wir auch aus dieser Pandemie lernen. Wir sollten nicht an alten Gewohnheiten festhalten, auch wenn sie über Generationen keine Probleme verursacht haben. Die Welt entwickelt sich ständig weiter. Tiere sterben aus, neue Arten entwickeln sich und so ist es auch bei den kleinsten Lebewesen wie den Viren und Bakterien. Wir müssen mit ihnen leben, auch wenn sie eine Gefahr für die Menschheit sein können.

Quellenverzeichnis:
https://www.chinarundreisen.com/das-chinesische-fruehlingsfest/
https://www.rki.de/SharedDocs/FAQ
https://www.infektionsschutz.de/coronavirus-sars-cov-2.html

fotolulu in Florida und auf den Bahamas
Ein lustiger Vogel erkundet für euch die Welt mit der Kamera!

fotolulu
68 Seiten
ISBN-13: 9783752849684
Verlag: Books on Demand

fotolulu in Afrika
Ein lustiger Vogel erkundet für Euch die Welt mit der Kamera

fotolulu
76 Seiten
ISBN-13: 9783735775641
Verlag: Books on Demand

fotolulu auf Sri Lanka
Ein lustiger Vogel erkundet für Euch die Welt mit der Kamera!

fotolulu

56 Seiten
ISBN-13: 9783735723925
Verlag: Books on Demand

www.tier-kids.de
www.fotolulus-abenteuer.de
www.fotolulu.com